PROPOSITIONS

TENDANT A AMÉLIORER

LE SORT DES OUVRIERS;

PAR

M. KEITTINGER-TURGIS,

MANUFACTURIER,

Membre du Conseil-Général de la Seine-Inférieure, de la Chambre de Commerce
et de la Commission administrative des Hospices de la ville de Rouen.

ROUEN.

Typographie de H. Rivoire, rue Saint-Étienne-des-Tonneliers, 1.

1849,

AVANT-PROPOS.

S'il est vrai que la ruine du riche ne fait point la richesse du pauvre, il ne l'est pas moins aussi que la souffrance du pauvre ne saurait faire le bien-être du riche; la misère du travailleur, la prospérité de l'industrie.

Dominé depuis longtemps par cette idée, j'ai tourné toutes mes pensées vers l'amélioration des classes ouvrières, auxquelles le travail ne donne pas des moyens suffisants d'existence; aujourd'hui, le mal a pris, dans certaines industries, une gravité alarmante.

On se préoccupe de le combattre, et c'est avec raison, car il s'agit pour tous, industriels et ouvriers, d'une question de vie ou de mort.

C'est pourquoi je crois qu'en plaidant la cause des travailleurs, je plaide la cause de tout le monde; il est vrai qu'au nom des souffrances des classes ouvrières, certains hommes ont, dans l'intérêt de leur ignoble cupidité et non dans celui du peuple, qu'ils patronaient malgré lui et à son insu, tenté de bouleverser la société tout entière, de détruire les bases éternelles du droit, les lois fondamentales de l'humanité.

Je n'ai jamais compris que pour guérir un malade, il fallût le tuer, ni qu'allumer la haine entre les classes d'hommes dont les intérêts doivent être étroitement unis, fût le moyen de remédier aux misères sociales.

C'est en s'éloignant, il faut le reconnaître, de ces lois éternelles et divines, qui sont les plus sûres et les plus harmonieuses bases d'une société vraiment fraternelle, qu'on est arrivé successivement à une telle dépravation dans les idées, que la résignation a fait place à l'envie, la charité religieuse à l'égoïsme, et qu'ainsi privée de ces liens célestes, notre pauvre humanité succombe, ne pouvant supporter les maux inséparables d'une vie d'épreuves.

C'est dans la nature même du mal qu'il faut trouver le remède, et c'est là que je le chercherai, puissé-je, en m'inspirant de ces principes aussi vrais que féconds, aidé de l'expérience que j'ai pu acquérir auprès des classes ouvrières, au milieu desquelles ma vie s'est écoulée, contribuer à leur bien-être, but unique des efforts que je tente aujourd'hui.

Depuis longtemps j'hésite à publier mes idées; j'espérais que la déplorable position faite à quelques catégories de travailleurs aurait un terme, et que l'intérêt de tous serait enfin mieux compris; c'était une illusion; il n'est que trop évident que l'expérience ne peut rien contre les funestes effets d'une concurrence sans limites et sans frein; malgré tous les enseignements, la position ne s'est point améliorée; par exemple, dans notre département, les salaires du tissage de coton à la main restent toujours insuffisants, et mettent les ouvriers attachés à cette industrie dans une situation qui n'est réellement pas tolérable.

En présence de ces souffrances, je ne peux résister davantage à la voix intérieure qui m'entraîne, et je profite du sentiment général qui se prononce en faveur de ces classes intéressantes; jamais époque, en effet, n'aura été plus propice pour se faire écouter, quand on vient parler au nom des misères publiques, et indiquer des moyens d'y mettre un terme.

Je viens de citer particulièrement le mal qui me touche le plus, parce que je l'ai sous les yeux; d'autres branches du travail, et sans aucun doute les ouvriers des mêmes industries, si malheureux chez nous, éprouvent ailleurs d'égales souffrances; aussi les mesures que je propose, ou toutes autres, devraient-elles être dues à l'initiative gouvernementale, pour être appliquées uniformément dans toute la France. On comprendra facilement qu'elles seraient impuissantes dans leurs résultats si la concurrence pouvait continuer dans certaines localités, et exceptionnellement, de spéculer sur les salaires; elles entraîneraient fatalement les autres dans la même voie.

Je n'ai certes pas la prétention de soumettre les travailleurs à un salaire unique et d'imposer une barrière à l'intelligence, à la force et au courage : ce serait porter atteinte aux vues de la Providence; à chacun selon ses œuvres. Loin de moi également la pensée de vouloir niveler les salaires sur tous les points de la France; je comprends qu'il faut respecter les conditions normales, les avantages inhérents à chaque localité. Je pense que tous les intérêts peuvent être sauvegardés, tout en mettant une digue à cette fâcheuse tendance d'une concurrence sans frein.

J'ai cru devoir terminer en présentant un système de secours, pour que, sur toutes les parties du territoire et dans la proportion des populations, sans charger le budget de l'état ni celui des communes, le malheur puisse trouver plus facilement les secours qui lui sont nécessaires.

J'ose espérer que si mes idées sont jugées praticables et utiles, comme ma conviction et mon cœur me le disent, elles seront accueillies, sinon avec faveur, au moins avec indulgence; n'eussent-elles pour résultat que d'en provoquer de meilleures, je croirais encore avoir atteint mon but.

Peu importe, en effet, par qui le bien se fasse, pourvu qu'il se fasse.

PROPOSITIONS

TENDANT A AMÉLIORER

LE SORT DES OUVRIERS.

CHAPITRE Ier.

Position faite aux travailleurs par une concurrence sans frein.

Napoléon, arrivant au pouvoir, se trouvait à la tête d'un pays bien épuisé; doué au plus haut degré du génie organisateur, il comprit qu'il fallait avant tout développer et généraliser le bien-être, et que, pour y parvenir, il n'y avait qu'une voie : donner une grande impulsion au travail.

Il ne suffit pas, en effet, pour la prospérité d'un pays, qu'il soit riche par lui-même, qu'il trouve d'abondantes ressources dans la nature de son sol, dans ses produits physiques, dans le génie de ses habitants; il faut, de plus, que la richesse circule et passe incessamment par toutes les mains.

Le travail seul peut amener cette circulation.

Pénétré de cette vérité, d'autant plus haute qu'elle est plus simple, l'empereur poursuivait de toutes ses forces le développement de la richesse agricole et manufacturière du pays; par suite du même principe, il favorisait et encourageait magnifiquement les arts, rémunérait largement tous les services et entretenait cette salutaire et grande émulation qui devait avoir pour résultat tant de merveilles; en même temps il imprimait un mouvement immense au luxe et à la mode, cette reine qui trône en France et étend son domaine sur le monde entier.

Deux mots peuvent résumer le système économique de Napoléon, *travailler* et *dépenser*.

En effet, la consommation seule peut décupler la nécessité de production et fournir un inépuisable aliment au travail, source où le peuple puise sa vie et ses jouissances. Napoléon avait rendu cette source si productive, que le peuple a conservé son souvenir; voilà tout le secret de cette popularité sans exemple et assez vivace au cœur des travailleurs, pour qu'après plus de trente années son nom ait été comme un aimant magique à l'attraction duquel ils n'ont pu résister.

Mais il ne suffisait pas de lancer l'industrie à la conquête de la consommation, de faire appel à toutes les intelligences, à toutes les capacités, pour produire le travail, il fallait écarter la concurrence étrangère qui eût pu anéantir dans son propre berceau la production nationale; le grand homme posa les bases du système protecteur.

Une fois l'entrée du territoire fermée aux produits étrangers, l'appât de bénéfices certains attira les capitaux au travail.

L'œuvre politique de Napoléon a été démolie par les régimes qui lui ont succédé, mais ses idées économiques sont restées debout, et le système protecteur, dans l'espace de près de cinquante ans, a prouvé qu'il était sorti de la tête d'un homme de génie.

Non-seulement on lui a été redevable d'un bien-être sans exemple pour toutes les classes, mais encore de l'abaissement du prix des objets fabriqués, et, à cet égard, les résultats ont été prodigieux; malheureusement le but a quelquefois été dépassé.

La diminution dans la valeur des produits a été sans doute un bienfait, tant qu'elle n'a été due qu'à une concurrence bien entendue, à des inventions, à des perfectionnements; mais, je le répète, le but a été dépassé lorsqu'une concurrence ennemie de ses propres intérêts a voulu offrir encore du meilleur marché en s'attaquant aux salaires; il faut le reconnaître, cette lutte a fait dévier le travail de son but primitif, celui de faire circuler l'aisance dans toutes les artères de la société.

Or, réduire à l'insuffisance le salaire des populations après les avoir rendues incapables de trouver ailleurs que dans telle ou telle industrie le soutien de leur existence, n'est-ce pas, je le demande, une cruelle injustice en même temps qu'un coup mortel porté à l'industrie elle-même?

Une injustice, et le mot est doux; peut-on croire, en effet, qu'en protégeant la production nationale, Napoléon a seulement voulu favoriser des manufacturiers, des producteurs, et qu'il n'a pas eu autant en vue le bien-être des travailleurs? Eh quoi! il les aurait condamnés, par suite du système protecteur, à payer tout à un prix plus élevé, on en convient tous les jours en s'opposant avec tant de raison à l'abandon de ce système, et en même temps on les laisserait à la merci d'une concurrence qui s'attaque à leurs salaires ; ce n'est ni rationnel ni juste, une telle anomalie ne saurait durer.

J'ai dit aussi que ce serait encore un coup mortel porté à l'industrie elle-même ; j'insiste sur cette pensée : Où se trouve la plus grande consommation, n'est-ce pas dans les classes qui vivent du travail ? car ces classes ont, de tout temps et dans tous les pays, été les plus nombreuses, et partout et toujours, il en sera de même. Si donc la production générale du pays a besoin des ouvriers, parce qu'il lui faut des consommateurs, il faut que leurs salaires soient suffisants ? Comment veut-on qu'ils consomment si la part de la fortune générale qui leur est faite par le travail ne leur en donne pas les moyens ?

Les salaires insuffisants sont donc le principal obstacle à l'écoulement des produits.

Au contraire, en établissant entre les salaires et le prix des choses nécessaires à la vie, un juste équilibre, la consommation prend des proportions incalculables : agriculteurs, vinicoles, industriels, commerçants, propriétaires en ressentent aussitôt les heureux effets. Voilà le vrai système économique du pays, celui avec lequel on apaise les rivalités, arrête les tiraillements, parce que lui seul est favorable à tous les intérêts.

On prétend qu'il faut, avant tout et par tous les moyens, produire à bon marché pour augmenter les chances d'écoulement à l'extérieur. Oui, par tous les moyens, hors celui qui compromet l'existence de l'ouvrier, car ainsi on perd une notable partie de ses consommateurs à l'intérieur sans compensation au-dehors ; depuis trop longtemps on se débat dans ce cercle vicieux, le résultat est toujours négatif relativement aux illusions qui entraînent dans cette voie déplorable, c'est un prétexte égoïste employé par la concurrence ; on sacrifie la main-d'œuvre en vue d'exportations chimériques, et les diminutions obtenues sont appliquées aux marchandises qui se consomment à l'intérieur ou dans nos colonies, où nous sommes cependant assez protégés pour ne pas appeler la misère de l'ouvrier à notre aide.

L'exportation sur les marchés étrangers n'est, je le répète, qu'un prétexte ; elle est presque nulle pour les produits ordinaires, dits de quantité, et il ne peut en être autrement, les conditions matérielles de bon marché nous manquant absolument, il faut donc savoir y renoncer, et si nous ne pouvons lutter par les quantités, luttons par la qualité des produits, par les spécialités qui nous sont propres, et nous trouverons encore une part assez belle ; mais pour arriver à fabriquer ces produits exceptionnels, à des prix sortables, moins éloignés des prix de revient de nos voisins, conservons soigneusement, et sans partage, le monopole des produits ordinaires nécessaires à la consommation de la France et de ses colonies, augmentons-en encore la production en faisant, s'il se peut, une meilleure part à l'ouvrier et en le rendant de plus en plus consommateur, nous aurons tout ensemble satisfait à l'humanité et contribué à la diminution des frais généraux des établissements, qui, presque tous en France, fabriquent simultanément les articles de quantité, et ceux qui ont un cachet exceptionnel ; seulement ainsi, nous arriverons à fabriquer ces derniers à des prix moins élevés et nous augmenterons leurs chances d'écoulement sur les marchés étrangers.

J'espère avoir suffisamment établi que l'abaissement des salaires est préjudiciable, non-seulement au pays et à l'humanité, mais encore aux producteurs qui croient devoir s'aider de ce cruel moyen ; c'est un calcul aussi stérile pour eux qu'il est désastreux pour l'ouvrier, puisque la concurrence ne permet jamais que l'exception à cet égard puisse avoir de durée ; dès-lors, que de mal produit sans résultat pour aucun intérêt !

Grâce à Dieu, c'est plutôt une tendance qu'un fait général que j'ai constaté et combattu ; cette tendance ne s'est encore traduite que dans quelques industries, et, cependant, que de souffrances n'a-t-elle pas déjà provoquées ; que l'on juge dès-lors quels désastres amènerait une diminution générale des salaires ! Voilà cependant le mal qui nous menace si l'on n'apporte un remède à la situation actuelle du travail ; ce remède est-il possible ? La routine dit non, en soutenant qu'on ne peut résister à la force des choses, c'est à dire au torrent qui nous entraîne ; le bon sens, d'accord avec l'humanité, n'acceptant comme progrès que ce qui contribue au bonheur général, appelle de tous ses vœux des mesures efficaces. Je vais présenter et discuter celles qui me paraissent les plus convenables.

CHAPITRE II.

Système d'organisation.

Si une liberté sans frein, qui s'attaque aux salaires, est funeste au bien-être des ouvriers, et par suite à la production générale du pays, elle ne l'est pas moins au maintien des sentiments de bienveillance qui doivent exister entre toutes les classes de la société, et pour être fidèle à sa devise de fraternité, le gouvernement doit vouloir, en sauvegardant tous les intérêts, développer aussi une heureuse harmonie entre tous les citoyens; non-seulement la prospérité générale, mais encore l'humanité l'exige de lui.

J'insiste d'autant plus pour attirer l'attention du gouvernement sur cette question, que je suis persuadé qu'aucune mesure ne peut remédier à la situation que nous déplorons, si elle n'est due à son initiative et généralisée dans toute la France, sous sa surveillance immédiate.

Qu'on ne vienne pas, sous prétexte d'atteinte à la liberté, dénier au gouvernement le pouvoir de s'immiscer dans de semblables questions; peut-il, lui gouvernement, dont la plus belle mission est le bonheur du peuple, refuser son concours lorsqu'il sagit de l'arracher à la misère? est-ce donc la première fois qu'on a, dans l'intérêt général, restreint certaines libertés? n'a-t-on pas adopté des lois répressives de l'usure, cette plaie qui aurait pu arrêter la production, si indispensable au peuple? et pourquoi reculerait-on à mettre un terme à cet autre fléau qui s'attaque à la vie de l'ouvrier et l'empêche de consommer les produits qu'on a voulu favoriser, multiplier, en mettant une barrière aux prétentions exagérées du capital?

Qu'on le comprenne bien, et qu'on ne m'accuse pas de vouloir revenir à un passé qui n'est plus, et qui ne peut revivre; ce que je veux, ce n'est pas le retour des priviléges désormais impossibles, mais opposer une digue en matière d'industrie, lorsqu'une concurrence aussi fatale qu'insensée détruit le bien-être de ceux qu'elle devrait protéger?

Il me semble qu'à la tendance que j'ai signalée et aux maux qu'elle a produits, il est possible d'apporter un remède aussi efficace que simple; je proposerai, avant de l'indiquer, un système général d'organisation et de surveillance sans lequel aucune mesure réellement protectrice ne pourrait recevoir d'exécution ni avoir de garantie d'avenir.

L'ordre des avocats est soumis à des conseils de discipline; le corps des avoués, celui des notaires, dirigés par des chambres disciplinaires; non-seulement l'honneur de ces différents corps se trouve sauvegardé par ces constitutions; mais encore l'intérêt des tiers, et personne, que je sache n'a jamais considéré comme attentatoire à la liberté de la défense, ni contraire au libre exercice des fonctions du notaire et de l'avoué, ces conseils auxquels chacun doit, dans certaines limites, rendre compte de sa conduite?

La nécessité d'un frein, d'une organisation régulière en

matière d'industrie n'a sans doute pas été sentie tant que la concurrence n'avait pas rendue si difficile la position du fabricant ; mais aujourd'hui qu'elle a produit de si fâcheux résultats pour les travailleurs, il devient urgent d'y porter remède.

La source du mal, j'espère l'avoir suffisamment indiquée, est dans l'abaissement successif des salaires ; cet abaissement n'a eu évidemment lieu que parce que les salaires sont plus ou moins à la discrétion de chaque chef de fabrique ; pense-t-on qu'il eût pu en être de même, si avant d'imposer à l'ouvrier une réduction, la généralité des industriels d'une même profession eût dû être consultée ?

C'est malgré eux que le plus grand nombre se sont vus entraînés sur une pente funeste, car il se trouve en eux trop de bon sens pratique, trop d'humanité pour nuire aux travailleurs sans profit durable pour personne ; la généralité comprendrait sans doute qu'une diminution de salaire laisserait chacun dans une position identique de concurrence et entraînerait aussitôt une diminution afférente et souvent plus forte dans la valeur des produits fabriqués.

Je veux donc conclure que les salaires ne seront à l'abri des atteintes de l'égoïsme individuel, que lorsqu'imitant pour l'industrie ce qui existe si heureusement dans les professions libérales que j'ai citées, on aura établi dans chaque branche du travail une organisation ayant pour mission de protéger la position de l'ouvrier et de s'opposer à toute tentative frauduleuse de nature à porter atteinte à la considération des industries.

Protéger l'ouvrier, c'est à dire empêcher l'avilissement

des salaires, veiller à l'exécution des lois qui seraient adoptées dans ce but, à ce qu'aucune amende ne puisse être infligée aux ouvriers si elle n'a été prévue par un règlement homologué par l'autorité; à ce que, dans aucun cas, elle ne puisse être infligée au profit du patron, qui ne devrait se servir de ce moyen que dans un intérêt d'ordre et de discipline; à ce que le produit des amendes retourne aux caisses de secours des ouvriers.

Les conseils de surveillance devraient aussi protéger les travailleurs, dans ce sens que le travail soit, pour les femmes de tout âge et les mineurs des deux sexes, strictement renfermé dans le temps légal, pour que le dimanche soit partout un jour de repos et pour que ces conditions et toutes autres que je ne peux ni ne veux prévoir ici, mais qu'il conviendrait d'adopter, soient rendues égales pour tous et ne puissent, par leur inexécution, devenir la cause d'une mauvaise concurrence.

Surveiller toute tentative de fraude, pour qu'aucun fabricant ne puisse se soustraire à l'exécution de la loi, si la marque de fabrique devenait obligatoire, ce que j'appelle de tous mes vœux, comme unique moyen de rétablir l'ancienne réputation du commerce français et de lui reconquérir la confiance à l'étranger; ainsi seulement le consommateur pourrait distinguer le fabricant loyal, celui qui mérite réellement la préférence; d'autres garanties que je ne puis définir ici pourraient être encore, dans l'espèce, données à la société et à l'honorabilité des industries par les conseils de surveillance.

Si dans les conseils de surveillance que je propose, on

voulait voir, malgré mes protestations contre tout privi-
lége, le rétablissement des jurandes et des maîtrises, je
répondrai que la comparaison manque de justesse; en effet, les jurandes et les maîtrises avaient un double but :
maintenir intègre l'honneur des corporations, mais aussi
de n'en permettre l'entrée qu'à un nombre déterminé
d'individus, et, par cette manière, arrêter l'essor de la
production et peser sur les consommateurs.

Le premier but des jurandes et des maîtrises de maintenir intègre l'honneur des corporations, serait aussi celui des conseils de surveillance que je propose, et je ferai
remarquer en passant que, tant que ces institutions se tin-
rent debout, les intérêts de l'ouvrier ne furent jamais sa-
crifiés comme ils le sont aujourd'hui. Voilà pourquoi je
recommande surtout l'établissement des conseils de surveillance. Quand au second but, celui d'apporter des en-
traves dans le sens indiqué ci-dessus, je le repousse
comme inutile, comme contraire à nos mœurs et au
progrès.

Quelle serait la composition de ces conseils? par qui se-
raient-ils élus? Les électeurs me paraîtraient devoir être
tous les patentés qui exercent une même industrie, frac-
tionnés en circonscription communale, cantonale ou
d'arrondissement. Suivant l'importance et l'agglomération
des industries, lorsque dans les circonscriptions, certaines branches ne seraient pas assez importantes, les
branches qui ont affinité entre elles pourraient être réunies
sous la surveillance d'un même conseil. Ainsi, par exemple,
l'industrie cotonnière ne se trouvant pas, dans certaines

circonscriptions, assez importante dans chacune de ses diverses branches : la filature, le tissage, la teinture et l'impression, elles pourront être réunies sous la surveillance du même conseil, de même pour toutes les industries.

Tout électeur pourrait être élu membre du conseil.

En dehors des conseils, le gouvernement devrait avoir des inspecteurs salariés qui seraient chargés de surveiller l'exécution des lois sur la matière, de dénoncer les infractions et faire appliquer les pénalités prévues par ces lois.

Loin de moi, je le répète, la pensée de demander le rétablissement d'institutions qui ont disparu dans la tourmente révolutionnaire, et dont le grand génie des temps modernes a cru nécessaire d'affranchir l'industrie. En cherchant à poser une digue à l'avilissement des salaires, j'aurai peut-être aussi, auprès de certains esprits, encouru le reproche de vouloir l'organisation du travail, mot vide de sens et n'offrant, comme il a été compris, aucune idée réalisable.

Le simple exposé que je vais faire de mes idées, sur la question des salaires, ne laissera, je l'espère, aucun doute sur mes intentions, et fera juger si je me suis laissé entraîner à des utopies qui bouleversent, ou si je propose aux maux d'une société divisée, des remèdes de nature à rétablir une salutaire et vivifiante fraternité.

CHAPITRE III.

Mesure contre la décroissance des salaires.

Un taux de salaire invariable et uniforme pour toutes les localités, pour toutes les natures de travaux et pour tous les travailleurs, serait irrationnel, impossible et subversif de toutes les conditions établies successivement et consacrées par la pratique.

Le taux que devraient maintenir les conseils de surveillance, doit évidemment différer suivant que les localités diffèrent entre elles, relativement au prix des subsistances et des autres conditions de la vie.

Il doit aussi exister une distinction entre l'ouvrier habile, courageux et robuste, et l'ouvrier moins capable, paresseux et de force inférieure.

Toutes ces conditions sont faciles à observer; elles ont de tout temps été distinguées, il n'est donc besoin ni de grands efforts de génie, ni de bouleversements dans l'ordre établi.

Que l'on prenne pour base de minimum des salaires à la tâche, la rétribution actuelle du travail à la journée, et l'on aura évidemment résolu le problème.

En effet, la rétribution à la journée diffère suivant les localités et la valeur productive du travailleur; il faut reconnaître que nulle part, depuis plus de trente années, elle n'a subi de modification importante, et la preuve de cette assertion, c'est que jamais, ou rarement, elle n'a donné lieu à des réclamations réellement sérieuses.

On peut donc l'affirmer, si le mode de rétribution à la journée eût continué d'être seul usité, nous n'aurions pas aujourd'hui à nous préoccuper de la situation.

Mais une autre condition a été presque généralement adoptée, le règlement à la tâche. Beaucoup de travaux exécutés à la journée ont été successivement rétribués suivant la quantité de travail exécuté; cette transformation dans le mode du salaire fut, d'abord, il faut le reconnaître, favorable au maître et à l'ouvrier : au maître, en lui assurant plus de produits, sans augmenter son personnel et certains frais généraux; à l'ouvrier, en offrant à son courage, à sa capacité, un moyen d'améliorer sa position.

Malheureusement, ce mode de rétribution, adopté dans l'intérêt de tous, a bientôt, dans certaines industries, dévié du but que l'on s'était proposé. On a complètement méconnu ce qu'il devait y avoir de favorable pour l'ouvrier dans le travail à la tâche, et par un déplorable entraînement, on est successivement arrivé à réduire son salaire au-dessous de celui que rapporte le travail le moins rétribué, exécuté à la journée. Il est triste à dire quel déploiement de force, quelle longueur de veille il faut aujourd'hui à certaines catégories d'ouvriers pour accomplir une tâche insuffisante au soutien de leur existence!

Ne serait-il donc pas possible de poser en principe qu'aucun travail à la tâche ne devrait jamais produire, en moyenne, moins à l'ouvrier que ce qu'il gagnerait dans le pays et suivant ses forces, s'il était occupé à la journée? On pourrait, pour fixer le prix de la tâche, dans le cas où la nature des travaux ne s'exécuterait plus à la journée, apprécier l'analogie de ces travaux avec d'autres qui sont rétribués à la journée. Quant à ceux qui s'exécutent simultanément, à la tâche et à la journée, le prix de la journée deviendrait la base moyenne du rendement à la tâche : en adoptant ce principe, l'ouvrier laborieux, fort et habile reprendrait l'avantage qu'il doit naturellement avoir sur l'homme qui remplit nonchalamment sa journée; ainsi cesserait cette anomalie d'ouvriers détruisant leur santé par un travail prolongé de quinze et seize heures par jour, et gagnant moins que certains autres soumis à une journée de dix ou douze heures; par exemple, n'est-elle pas affreuse la position de ces femmes, de ces jeunes filles, occupées à la couture, à la broderie, etc.? Leurs salaires à la tâche sont plus qu'insuffisants, elles s'usent dans des veilles prolongées; qu'ils soient réglés par analogie avec le prix attribué aux ouvrières assez heureuses pour obtenir du travail à la journée, et dès lors, leur position s'améliorerait sensiblement.

On arriverait évidemment à remédier à une situation si illogique, en adoptant la base que je propose.

Cela n'existe-t-il pas, d'ailleurs, pour les travaux de l'agriculture? un homme qui entreprend des corvées ne gagne-t-il pas toujours plus que celui qui remplit sa simple journée? Je n'ai pas besoin, à cet égard, de citer d'exemples, ils sont trop visibles, trop usuels.

Revenons à l'industrie ; objecterait-on que si l'on garantit aux travailleurs un minimum au-dessous duquel ne pourra descendre le salaire, pourquoi ne garantirait-on pas le producteur contre leurs prétentions d'augmentation ?

J'avoue franchement que je ne comprends pas une semblable appréhension ; il me semble, au contraire, que l'augmentation des salaires serait, lorsque les affaires prennent une grande activité, souverainement désirable ; peut-on craindre la circulation de la richesse ? n'est-ce pas le seul moyen de vivifier le corps social tout entier, et de procurer des jours meilleurs à ceux qui sont moins heureusement partagés ici bas ?

En appréciant la nature du remède que je propose pour mettre une digue à la décroissance des salaires, on comprendra pourquoi je ne fais pas participer les ouvriers à l'organisation que j'ai proposée dans le chapitre précédent, soit comme électeurs, soit comme membres des conseils de surveillance ; je suis intimement convaincu que l'existence de ces conseils serait pour eux une garantie suffisante.

Cependant je proposerais que toutes les fois qu'il s'agirait d'abaissement de salaires, ce qui pourrait arriver après des circonstances momentanées et heureuses qui auraient permis d'élever le prix moyen des tâches au-dessus de ce que rendrait le même travail rétribué à la journée ; je proposerais, dis-je, d'adjoindre aux conseils de surveillance des délégués nommés par les ouvriers, et dont le nombre serait égal à la moitié des membres de ces conseils ; au moyen de cette adjonction, aucune détermination ne pourrait être prise sans avoir entendu toutes les parties intéressées; ainsi disparaîtrait toute cause d'irritation.

La diminution, je l'ai posé en principe, ne pourrait, dans aucun cas, faire descendre en moyenne les salaires à la tâche au-dessous de ceux qui sont fixés par l'usage dans la contrée pour les mêmes travaux rétribués à la journée.

Enfin, pour enlever tout prétexte aux mauvaises passions et rendre les grèves sans motif, ne pourrait-on pas aussi laisser aux ouvriers l'initiative pour saisir les conseils en demande d'augmentation de salaire? Alors il ne devrait être statué qu'avec la participation du nombre d'ouvriers prévu ci-dessus, en cas de demande en abaissement de salaire résultant de l'initiative des fabricants.

Tout esprit non prévenu comprendra, j'espère, à quel résultat conduirait la mise en pratique des idées exposées ci-dessus, quels avantages en résulteraient pour les ouvriers comme pour les chefs d'établissement, dont les intérêts, je ne cesserai de le penser et de le dire, sont tellement inséparables, que léser les premiers c'est nuire aux seconds.

En définitive, que mes vues et les arguments que j'ai employés conduisent ou non au but que je me suis proposé, l'on ne s'aurait nier que ce serait un immense bienfait pour les classes ouvrières, que de mettre leur existence à l'abri de l'égoïsme individuel, que de leur assurer un travail plus soutenu et mieux rétribué; tout, cependant, ne serait pas fait encore, car la nature humaine a bien des vicissitudes; les infirmités et la vieillesse viennent également frapper le pauvre et le riche. Celui-ci peu leur opposer les adoucissements que procure la fortune; mais quand elles saisissent le pauvre, elles le trouvent le plus souvent dénué de toutes ressources; Dieu seul a le secret des tortures physiques et morales que recouvrent les haillons de la misère. Je vais donc, conformément au programme que je me suis tracé, exposer, dans un dernier chapitre, le système de secours qui me paraît nécessaire et de nature à créer des ressources suffisantes contre les souffrances qui affligent les classes ouvrières.

CHAPITRE IV.

Système de secours.

Il est un fait incontestable pour tout homme un peu au courant de la question, c'est que les ressources mises par les communes à la disposition des œuvres de bienfaisance ne sont plus en proportion suffisante aux misères, depuis que l'industrie, avec ses fréquents chômages, ses veilles prolongées, ses travaux délétères et dangereux, a introduit dans les classes ouvrières de nombreux germes de maladies, de graves blessures, la vieillesse prématurée, en un mot, une déplorable dégénérescence. Pour être juste et reconnaître toutes les causes, il faut ajouter que la démoralisation, l'abus des liqueurs fortes sont aussi pour beaucoup dans ces tristes résultats. On sait, de plus, que les établissements charitables, si insuffisants dans les villes, n'existent pas dans les campagnes, ou au moins ne s'y rencontrent que par de très-rares exceptions; les communes rurales ne peuvent et ne savent trouver les moyens nécessaires pour soulager les souffrances ou leur faire ouvrir la porte de l'hospice de la ville voisine. On n'ignore pas, en effet, que là où existent des hôpitaux, ils ne sont destinés qu'aux misères de la commune; car c'est la commune seule qui les soutient. De là résulte la nécessité de créer de nouvelles charges pour parvenir à soulager efficacement la misère dans les villes et dans les campagnes; l'humanité et l'intérêt de la société le réclament également.

Cependant, on ne peut toujours puiser à la source où l'on a puisé jusqu'ici; d'assez grandes nécessités pèsent déjà sur les populations, et l'avenir de presque toutes les communes est grevé d'onéreux emprunts.

Il faut donc renoncer à imposer de nouvelles charges aux communes et chercher plutôt ailleurs un système qui suffirait pour les affranchir, dans l'avenir, de toutes celles que la misère fait aujourd'hui peser sur elles, et qui, dès lors, leur permettrait de disposer de toutes leurs ressources pour donner un nouvel essor à tant de travaux communaux suspendus depuis si longtemps, de travaux indispensables pour améliorer la situation des localités et pour occuper un grand nombre d'ouvriers; beaucoup d'argent, ainsi dépensé, serait d'ailleurs un moyen efficace de concurrence en faveur des classes ouvrières: le travail public diminuant d'autant le nombre des bras à la disposition du travail libre.

Sans doute l'affranchissement des communes, relativement aux charges qui pèsent aujourd'hui sur elles, ne serait pas immédiatement atteint, ne s'obtiendrait même que lentement dans les grands centres de population, le système que je vais proposer devant être, dans ces grands centres, d'une application plus difficile à rendre générale et l'objet de plus d'études. Il faudrait donc que les villes dans lesquelles un large système de secours est organisé, les continuassent encore longtemps et considérassent les nou velles recettes comme un complément aux secours actuels dans ce qu'ils ont d'insuffisant.

Persuadé, cependant, qu'un jour ce système réalisera tout ce qui sera nécessaire au soulagement de toutes les souffrances, je vais, en le discutant, adopter cette hypothèse.

J'établirais d'abord en principe que les ouvriers étant les agents de la production agricole et manufacturière du pays, tout ce qui leur est nécessaire doit être une des charges de la production, et élever d'autant la valeur des produits, comme tous les autres éléments de la production.

Je n'entends pas, cependant, qu'il devrait être fait de retenue sur les salaires; l'ouvrier doit, comme tout autre, avoir la libre disposition de ce qu'il gagne; d'ailleurs, il serait souverainement injuste de faire contribuer l'ouvrier à une caisse de secours où il peut n'avoir jamais à réclamer sa part, comme s'il s'agissait d'une caisse de retraite où chacun retrouve dans la proportion du sacrifice qu'il s'est imposé.

J'ai dit que tout ce qui est nécessaire à l'ouvrier devait, comme tous les autres éléments de la production, être une des charges de la production. Partant de ce principe, que je rappelle, je proposerais de faire peser une légère rétribution sur tous les entrepreneurs de travaux de toute nature, soit agricoles, soit industriels, sans aucune exception, par chaque journée de travail de chaque individu employé.

Tout individu, à quelque titre que ce soit, qui emploierait un ouvrier, serait tenu de payer la rétribution. On devrait peut-être l'étendre aux domestiques en la mettant à la charge des maîtres qui les occupent ; enfin, à toutes personnes dont la position est telle, qu'elles deviennent parfois une charge pour la société.

Ceux qui payeraient la redevance dont il s'agit n'auraient pas à en souffrir, vu que, par sa généralité, une pareille mesure ne troublerait en aucune façon l'égalité de position. et de moyens de concurrence qu'il est si indispensable de maintenir entre tous les producteurs.

Enfin, la mesure que je propose n'amènerait pas sur les produits une hausse de nature à en restreindre la consommation ; chaque producteur peut se convaincre que cinq et même dix centimes, s'il était nécessaire, répartis sur la production journalière d'un ouvrier, n'élèveraient pas le prix de revient d'une manière sensible ; à l'appui de cette opinion, j'en appelle à l'intelligence et à la sincérité de tous ceux qui occupent des ouvriers, car tout calcul ici est essentiellement variable suivant la nature des produits ; chacun peut poser des chiffres, chercher le résultat relativement à son industrie, il reconnaîtra qu'il n'a rien à craindre d'une mesure imposée à ses concurrents comme à lui-même. Ce ne seront pas, par exemple, quelques centimes à payer sur un mètre d'étoffe de coton, sur un kilo de viande ou autres produits de l'agriculture, quelques francs à ajouter au prix d'un meuble important, quelque minime augmentation sur celui des constructions de toute nature, qui pousseront certes personne à renoncer aux choses les plus indispensables ni aux entreprises nécessaires à l'accroissement du bien-être.

Veut-on savoir jusqu'à quel point la redevance ou impôt que je sollicite en faveur des classes ouvrières augmenterait la valeur des produits dans une des branches de l'industrie cotonnière ? je prendrai l'exemple que je vais citer dans une fabrication qui m'est familière, celle des toiles peintes : Un établissement situé dans le département de la Seine-Inférieure, organisé pour produire 60,000 pièces ou 4,500,000 mètres, occupe 250 ouvriers ; admettons une redevance de 10 centimes par journée d'ouvrier, 300 jours de travail par année, cet établissement verserait annuellement 7,500 fr. à la caisse de secours. Cette somme, répartie sur 4,500,000 mètres, élèverait la valeur de chaque mètre seulement d'un sixième de centime par mètre ; il est vrai que cette augmentation ne serait pas la seule que l'application de mon système ferait subir à la toile peinte de cette fabrique : elle serait encore chargée des redevances que le filateur et le fabricant de calicots auraient à payer relativement au nombre d'ouvriers qu'ils emploient à filer et à tisser la matière première employée dans l'établissement dont je parle ; en définitive, l'impôt payé par ces trois branches qui transforment le coton en laine en toile peinte n'élèverait certainement pas ce produit de deux centimes par mètre.

La petite commune où se trouve située cette fabrique de toile peinte contient environ 300 ouvriers de tout âge et de tout sexe dont le temps employé procurerait annuellement à la caisse de secours de cette commune 9,000 fr. en adoptant pour base de la redevance le chiffre de dix centimes, le bureau de bienfaisance de cette commune n'a pas actuellement 1,000 fr. à distribuer. Des résultats identiques se produiraient presque immédiatement dans toutes les peti-

tes communes et donneraient des ressources proportionnées aux populations et à leurs besoins.

Je crois que les redevances devraient être attribuées aux
communes qu'habitent les ouvriers, et fixées suivant les se
cours nécessaires. Cette fixation devrait être soumise à l'autorité supérieure qui, à cet égard, pourrait être éclairée
par les conseils de surveillance et les inspecteurs que je ré-
clame pour l'exécution des mesures relatives au maintien
des salaires ; pour plus de garantie, les conseils généraux
devraient être appelés à donner leur avis et peut-être même
à fixer définitivement le taux des redevances ; peut-être con-
viendrait-il de les rendre uniformes par toute la France, ou
au moins dans chaque département ; l'expérience devrait
éclairer à cet égard ; sans doute le mieux ne pourrait être
réalisé immédiatement.

Le mode d'attribution aux localités me paraît nécessaire
pour laisser à chacune ses avantages inhérents de production, et de plus, pour éviter les inconvénients de la centrali-
sation, pour que les fonds des départements n'aillent pas
s'engouffrer à Paris. Rappelons-nous les ateliers soit-disant
nationaux de la capitale, qui absorbaient toutes les ressources
du pays, tandis que nos campagnes ne pouvaient obtenir la
part la plus minime. D'ailleurs, avec mon système, les
grands centres dont la population est considérable, auraient
des ressources proportionnées au nombre des travailleurs et
aux besoins qui s'y feraient sentir. Si le taux des redevances
devait y être un peu plus élevé, ce qui est loin d'être dé-
montré, les différences seraient toujours sans importance,
relativement à la valeur des produits, et elles seraient

certainement plus que compensées par d'autres conditions
de production qui se trouvent seulement dans ces grands
centres.

En disant que les redevances devraient être attribuées
aux communes, j'entends au soulagement de l'indigence
dans les communes, et à nulle autre destination. Elles
ne devraient pas, comme les produits des octrois, être
versées dans les caisses municipales, mais dans celles de
bureaux de bienfaisance ou de secours fortement organisés,
dont les membres seraient nommés par le préfet du département sur des listes triples de présentation dressées par
les conseillers généraux nommés par l'arrondissement où
se trouvent les communes, et ensuite renouvelés ou rem-
placés sur une liste triple présentée par les membres de
l'organisation de bienfaisance, où il devrait être pourvu
à un ou plusieurs remplacements, comme cela se pratique
aujourd'hui pour les commissions administratives des
hospices et pour les bureaux de bienfaisance. Les membres
des bureaux que l'on organiserait, seraient présidés par
le maire de la commune; il arriverait que, dans certaines
communes peu importantes, l'organisation ne serait pas
possible, on pourrait alors réunir plusieurs communes en
admettant un nombre de membres de chaque commune,
en rapport avec le chiffre des populations et en donnant
la présidence au maire de la commune la plus peuplée.

J'ai dit que les redevances devraient être attribuées à la
commune où l'ouvrier est domicilié; toutes personnes qui
occupent des ouvriers, après avoir inscrit sur un livre
d'admission, qu'elles devraient tenir régulièrement, la

date d'entrée de l'ouvrier et les renseignements fournis par le livret, le remettraient ensuite au bureau organisé dans la commune qu'habite l'ouvrier, afin que le droit à la recette fût bien établi, et pût être facilement perçu. A la sortie de l'ouvrier, le livret serait remis, sur sa demande, au chef de l'exploitation, pour qu'il y inscrivît la mention de congé et le délivrât à l'ouvrier, afin qu'il pût se pourvoir ailleurs.

On pourrait admettre des abonnements pour les professions où le travail n'est pas permanent ; lorsque les ouvriers travaillent simultanément pour plusieurs patrons, chez les particuliers qui prennent de temps en temps des ouvriers, alors l'abonnement devrait être attribué à la commune dans laquelle s'exécutent les travaux, et non pas à la localité où demeure l'ouvrier ; on prendrait pour base l'importance agricole ou industrielle de l'exploitation, la notoriété publique aiderait aussi à apprécier la véracité des déclarations.

Je crois que la rétribution devrait être la même pour les adultes et les enfants : ce serait peut-être le moyen de remédier un peu à cette fâcheuse tendance qui porte à réfuser le travail à l'homme déjà un peu épuisé et à lui préférer des jeunes gens, parce qu'ils sont moins rétribués.

Il serait, je crois, convenable de réunir les fonds provenant des rétributions dans des caisses départementales ou d'arrondissement, où ils seraient portés au crédit de la caisse de secours de chaque commune, à laquelle on les remettrait par fractions, suivant les besoins.

Les caisses devraient être mises sous la surveillance de membres du conseil général, délégués par le conseil.

Il ne suffirait pas de trouver un mode d'impôt adapté au soulagement de toutes les misères, il faudrait encore déterminer quelle affectation on donnerait aux ressources qu'il procurerait, afin de généraliser, par toute la France, un vaste système d'amélioration qui répondît à tous les besoins.

Je vais, à cet égard, entrer dans quelques généralités, apprécier les besoins qu'à notre époque on doit satisfaire, les misères qu'on ne peut laisser sans adoucissement.

Il importerait, avant tout, que le sort des vieillards incurables et de tout individu qui a le malheur de l'être avant l'âge, fût plus assuré qu'il ne l'est aujourd'hui; que tous ceux qui, dans cette catégorie, n'ont aucune ressource, pussent recevoir des secours à domicile ou un asile, des secours à domicile pour ceux qui ont des parents qui, bien que pauvres et hors d'état de les nourrir, de subvenir à tous leurs besoins, peuvent cependant les conserver près d'eux, leur prodiguer leurs soins; procurer aux enfants la possibilité d'exercer la piété filiale autant qu'il leur est donné de le faire, n'est-ce pas pour eux la plus douce des consolations et le moyen le plus sûr de les attacher à la société qui leur ménage d'aussi ineffables jouissances; n'est-ce pas aussi un bon et salutaire exemple pour le pays que l'exercice des vertus qui resserrent les liens de famille. Il n'importerait pas moins d'assurer un asile à ceux qui sont privés de famille, et n'ont sur la terre personne qui s'intéresse à eux; il serait nécessaire, à cet égard, de pourvoir à l'insuffisance de l'organisation actuelle, et les caisses de secours des localités qui n'ont ni hospices, ni hôpitaux devraient, avec rétribution, placer leurs incurables et leurs malades dans les établissements les plus voisins.

On devrait sérieusement tenir compte de la position des familles nombreuses dont le gain n'est pas toujours proportionné aux besoins; le père travaille quelquefois seul pour cinq, six et même huit personnes; qu'une maladie le frappe, la source de vie de cette famille est arrêtée, des secours efficaces devraient immédiatement y suppléer.

Je voudrais aussi, lorsque le gain du père ne peut suffire à une nombreuse famille, que la mère ne fût pas, pour y subvenir, forcée de réclamer le travail de l'atelier; qu'on lui fournisse une légère rétribution pour rester aux soins de son ménage, que la famille du pauvre ait aussi un asile hospitalier, un cœur aimant qui veille au bien-être de tous ses membres; la séparation de la mère des enfants est une déplorable nécessité, elle détruit l'esprit de famille, qui s'établit surtout par le contact des enfants avec leur mère; c'est un ascendant précieux que celui d'une mère sur ses enfants, qu'il faut chercher à fortifier, non-seulement dans l'intérêt des enfants et des époux, mais encore dans celui de la société. La famille bien unie est un lien d'amour qui élève l'âme, affermit la vertu et éloigne de tout désordre; savoir prévoir à propos, dans le sens que j'indique, serait d'une bonne et salutaire prévoyance dont le pays recueillerait évidemment les fruits.

J'entends déjà dire : Si vous soulagez toutes les misères,

l'ouvrier ne sentira pas la nécessité de la prévoyance qu'on cherche à lui donner en fondant des caisses de retraite.

Avec un pareil raisonnement il n'y aurait rien à faire, et, cependant, qui nierait que les classes pauvres éprouvent des besoins qui ne sont pas suffisamment satisfaits ? il y a donc nécessité de leur venir en aide ; elle devra, sans aucun doute, se modifier dans l'avenir ; mais le moyen d'amener ce résultat n'est pas de laisser souffrir ceux qui souffrent, de les désespérer ; mais bien plutôt en soulageant chrétiennement leur misère ; ainsi, seulement on leur inspirera cette résignation également chrétienne qui rapproche les hommes au lieu de les diviser, et rend faciles tous les devoirs. Alors un louable sentiment de dignité humaine et de justice portera les classes ouvrières à la prévoyance ; elles comprendront les sacrifices que, pour elles, s'impose la société.

On ne devrait, pas plus qu'aujourd'hui, donner à l'homme qui peut, par son travail, se suffire, suffire aux besoins de sa famille ; à cet égard les mêmes précautions devraient être prises et rendues plus exactes, plus scrupuleuses si c'était possible ; car si la société doit venir en aide à ceux qui souffrent, elle ne doit pas entretenir l'oisiveté, source de tous les vices et de tous les désordres ; ménager les ressources est d'ailleurs une nécessité, quelle que soit leur importance, si l'on veut ne pas être exposé à manquer aux besoins les plus indispensables.

Loin de penser qu'on ne doive sérieusement s'occuper de rendre prévoyantes les classes ouvrières, je proposerais de les y encourager en contribuant, dans une certaine proportion, aux premiers versements qu'elles feraient aux caisses de retraite, jusqu'à 100, même 200 fr. ; on pourrait contribuer par une prime de tant pour cent ; les caisses de secours devraient d'autant plus intervenir dans ce sens, que ce serait avec la certitude d'alléger leurs charges dans l'avenir, puisque les retraites diminueraient d'autant le nombre des vieillards nécessiteux.

Il y aurait un moyen aussi politique que moral pour stimuler la prévoyance, ce serait de repousser de l'exercice des droits politiques, ceux qui deviendraient d'une manière permanente une charge pour la société.

Je ne poursuivrai pas davantage mes appréciations relativement à l'application des secours ; en pratiquant, les hommes bienfaisants qui seraient appelés à remplir les importantes fonctions que nécessiterait le système que je propose, se trouvant en contact avec la misère, signaleraient sans doute d'autres besoins qui, étant soumis à l'appréciation de l'autorité et des conseils généraux, pourraient être mis à la charge des caisses de secours.

Qu'on ne s'effraie pas, ce mode d'impôt est de nature à réaliser tout ce qui sera jugé nécessaire ; huit millions de travailleurs (et ce chiffre serait dépassé), à dix centimes par jour, peuvent fournir annuellement deux cent quarante millions, et cette somme peut être perçue sans affecter la valeur des produits d'une manière sensible.

Il n'est pas nécessaire, je pense, de grands efforts pour faire apprécier la corrélation qui existe entre les diverses parties du système que j'ai développé relativement aux salaires et aux secours ; on reconnaîtra, j'espère, que tout se lie dans ma pensée ; en effet, il n'est pas possible d'adopter le mode de secours que je propose si on laisse les ouvriers à la merci d'une concurrence sans frein ; ce serait bientôt eux seuls qui supporteraient l'impôt destiné à secourir le malheur ; en diminuant leurs salaires, on les substituerait insensiblement à ceux qui les occupent, ou plutôt aux consommateurs sur qui doit, en définitive, tomber cet impôt, si insignifiant, relativement à la valeur des produits.

Le double système que j'ai proposé n'est applicable que dans un pays à l'abri de la concurrence étrangère ; aussi, n'ai-je pas hésité à reconnaître les bienfaits du système protecteur. Que de considérations en dehors du cadre que je me suis tracé seraient, dans l'intérêt des classes ouvrières, à faire valoir en faveur d'une application plus absolue et plus franche de ce système ! Sans entrer ici dans plus de développements à cet égard, je ferai remarquer que si les mesures que je demande ne peuvent être adoptées sans une protection efficace, elles doivent, en répandant l'aisance dans toutes les classes, contribuer à la consommation de tous les produits, et par suite à une grande extension de travail indispensable à leur reproduction. A cet égard les résultats seraient aussi prodigieux que les illusions ont été trompeuses toutes les fois qu'on a baissé la main-d'œuvre, réduit la position de l'ouvrier pour soutenir une lutte inégale et toujours décevante avec l'étranger.

Je n'ignore pas que c'est aller en sens inverse des idées émises par cette école qui voit dans le bon marché la réalisation de tous ses rêves, rêves qui nous ont insensiblement conduits à la misère des classes ouvrières et à la ruine de tant de positions intermédiaires, rêves impuissants à produire le bien-être ; en effet, qu'ont-ils réalisé lorsqu'ils ont reçu une application radicale ? Rappelons-nous le traité de commerce de 1786 , qui inonda la France de marchandises à bon marché et lui fut cependant si funeste ; et le Portugal , soumis à cet étrange régime , qu'est-il devenu ? une province anglaise , dont les plus riches parties du sol n'appartiennent plus à des Portugais , mais à des Anglais qui les ont achetées avec l'or du Portugal passé dans leurs mains , en échange de marchandises à bon marché ; et l'Angleterre qui a dépassé toutes les limites du bon marché, qui est parvenue à s'emparer de la consommation de tant de pays, qu'y a-t-elle donc gagné ? il est vrai que ces lords de l'industrie ont acquis d'immenses richesses, mais le peuple anglais, les classes ouvrières y sont, plus qu'ailleurs, victimes des chômages de l'industrie, et augmentent le nombre des trois millions d'Irlandais que la Grande-Bretagne laisse, malgré sa prospérité tant vantée, mourir de misère et de faim.

Ces faits et ces résultats ne prouvent-ils pas assez, comme je l'ai dit plus haut, que cette école qui veut tout sacrifier au bon marché est impuissante à produire le bien-être ? En effet, que les peuples succombent ou triomphent dans cette lutte de bon marché : Tout est toujours misère pour les classes ouvrières ; dans la première hypothèse, le travail est anéanti ; dans la seconde, l'abondance des produits conduit à l'avilissement des salaires, aux chômages et à la misère.

C'est en reconnaissant la situation faite aux ouvriers par cette école et son système, que je me suis fortifié dans cette pensée, qu'il est du devoir des gouvernements de venir, dans certaines limites, en aide aux classes laborieuses, pour que leurs salaires se maintiennent en rapport avec leurs besoins, et je n'ai pas hésité à proposer des mesures qui, dans ma conscience, sont de nature à amener ce résultat. Ces mesures, ou toutes autres qui y conduiraient, sont devenues une nécessité depuis que, dans certaines industries, on a, je le répète, méconnu les avantages que le système protecteur, auquel on tient avec raison comme producteur, comme fabricant, devait aussi assurer aux travailleurs.

Enfin, comme complément indispensable du but que je me suis proposé, j'ai présenté un système de secours capable, selon moi, de soulager autant que possible ceux qui ont à subir les atteintes de la misère ; je dis autant que possible, car cette parole du Christ : *Il y aura toujours des pauvres parmi vous*, ne faillira pas plus que toutes les autres ; inclinons-nous donc devant cette condition de l'humanité, en n'oubliant pas et observant surtout cette autre parole divine : *Aimez-vous les uns les autres*, et nous marcherons dans les voies de la Providence, qui sont toutes de fraternité et de salut pour les hommes.